Klemens Olschewski

Workout

für alle, die reichhaltiges Essen, alkoholische
Getränke und Zigaretten genießen

Klemens Olschewski

Workout

für alle, die reichhaltiges Essen, alkoholische Getränke und Zigaretten genießen

 tredition®

© 2018 Klemens Olschewski

Umschlaggestaltung: Klemens Olschewski
Fotos Titel, S. 5, 10-11, 35, 43, 46-49, 52-55: Conny Tüch, Deggingen
Fotos S. 6, 27, 33: Klemens Olschewski

Verlag und Druck:
tredition GmbH, Halenreie 40-44, 22359 Hamburg

ISBN Taschenbuch: 978-3-7469-5003-7
ISBN Hardcover: 978-3-7469-5004-4
ISBN e-Book: 978-3-7469-5005-1

Bibliografische Information
der Deutschen Nationalbibliothek:
Die Deutsche Nationalbibliothek verzeichnet diese Publikation in der
Deutschen Nationalbibliografie; detaillierte bibliografische Daten sind
im Internet über http://dnb.d-nb.de abrufbar.

Inhalt

Vorwort

Es ist stets das Gleiche: In jungen Jahren ist man aktiv im Sportverein und fährt oft mit dem Fahrrad zur Schule, zu Freunden, zum Training. Dann folgen bei den meisten: Ausbildung, feste Freundin – die man eventuell einige Jahre später ehelicht –, Kinder, Karriere und Stress. Das Gehalt ist gut, aber die Blutwerte sind schlecht: zu fettes, kalorienreiches Essen, zu viel Alkohol und zu wenig Bewegung. Die Lösung: kein Fett, kein Alkohol, keine Zigaretten und viel Bewegung unter professioneller Anleitung im Fitnessstudio.

Die obige Lösung hilft aber nicht jedem – auch mir nicht. Ich liebe nämlich gegrillten Schweinehals und knusprige Schweinshaxen, Sahnejoghurt, Buttercremetorten, fetthaltige Milch, gezuckerte Cola, Bier, Wein und gelegentlich auch Zigaretten. Warum? Weil ich den unverwechselbaren Geschmack mag und keine Lust auf Light-Produkte mit einem halben Prozent Fettgehalt habe. Daneben ziehe ich Klimmzüge, drücke Liegestütze, gehe mit meinem Hund Rocky spazieren und jogge über die Alb. Warum? Weil es mir hilft, fit zu bleiben und zu entspannen ohne auf alles verzichten zu müssen was ich liebend gerne esse und trinke. Oder sollte ich besser sagen: liebend gerne genieße?

Dieses Buch ist keine Trainingsanleitung im herkömmlichen Sinne. Ich verliere mich darin nicht in detaillierten Anleitungen für unzählige Übungen, die jeden nur erdenklichen Muskel einbeziehen. In meinem Buch geht es nicht um Verbote, sondern um Motivation. Es soll dazu verleiten, neben dem Genuss das Krafttraining und vor allem die tägliche Bewegung nicht ganz zu vergessen.

Es gibt auf dem Büchermarkt ganz bestimmt jede Menge Trainingsbücher und Workout-Ratgeber, mit denen nahezu jedermann spätestens in einem Jahr seine durchtrainierte Traumfigur erreicht – bei entsprechend schweißtreibendem Training sechs mal pro Woche und einer grundlegenden Ernährungsumstellung: weg von der Sahnetorte, der Schweinshaxe, der Schokolade, dem Cola, Bier und Wein und hin zu Salaten, Körnern, Proteinen und viel Mineralwasser. Und Rauchen geht schon gar nicht. Die Frage ist nur, wie lange hält man eine solche radikale Lebensumstellung durch? Der größte Teil derer, die ein Jahr asketisch gelebt und ihren Körper vollkommen durchgestylt haben, fällt spätestens im zweiten Jahr in sein altes Muster zurück: mit Alkohol, Fett und Zigaretten – aber ohne das aufwendige Training. Die wenigsten werden sich auch die nächsten Jahre dem hartem Training bei Mineralwasser, Salat und Proteinen hingeben.

Ich will mit diesem Buch aufzeigen, dass es auch einen Weg dazwischen gibt: mit kalorienreichem Essen, alkoholischen Getränken, Zigaretten und Training. Ein Training, das nicht nur ein Jahr, sondern ein ganzes Leben lang Teil des Tagesablaufs sein kann, da es einen zwar fordert, aber nicht überfordert. Es soll ein Training sein, bei dem man selbst das tägliche Pensum festlegt und die Trainingstage. Aber auch hier wird es welche geben, die nach einiger Zeit keine Lust mehr haben auf Klimmzüge, Liegestütze und das Joggen. Sie werden ihre knappe Freizeit als Vorwand dafür nehmen, dass sie nicht mehr trainieren. Andere werden das Training allerdings in ihren Tagesablauf integrieren und variantenreich fortführen.

Ein paar Informationen
zu Alter, Gewicht, Größe etc.

Seit März 2018 bin ich 55 Jahre alt, immer noch annähernd 1,72 m groß und 85 Kilogramm schwer. Mein Brustumfang beträgt 111 cm, die Taille misst 89 cm und an der Hüfte komme ich auf 101 cm.

Für meine Größe bin ich eigentlich – wenn man den Body-Maß-Index zugrunde legt – zu schwer. Das merke ich nicht, wenn ich 300 Liegestütze drücke oder 100 Klimmzüge ziehe, aber schon, wenn ich einen Halbmarathon laufe. Eine Strecke von 10 Kilometer habe ich vor einigen Jahren im Wettkampf in 47 Minuten geschafft. Meine Bestzeit beim Halbmarathon liegt allerdings bei 1 Stunde und 55 Minuten. Spätestens nach 10 Kilometern machen sich bei mir die annähernd 10 Kilogramm „Übergewicht" bemerkbar: Ich werde merklich langsamer. Früher war mir vor allem wichtig, dass ich im Wettkampf einen Halbmarathon unter zwei Stunden laufe. Und immer, wenn ich das geschafft hatte, geneh-

migte ich mir hinterher ein Bier und eine Zigarette. Gegen den Hunger nach dem Lauf halfen mir zwei saftige Schweinehalssteaks vom Grill. Heute laufe ich wettkampfmäßig keinen Halbmarathon mehr, sondern ausschließlich ein Mal im Jahr die 10 Kilometer lange Strecke beim Ermstal-Marathon zwischen Bad Urach und Metzingen.

Ich bin verheiratet, habe zwei erwachsene Kinder und wohne in Bad Ditzenbach auf der Schwäbischen Alb. An manchen Tagen muss ich mein morgendliches Training unterbrechen, um meiner Tochter für die Schule ein Pausenbrot zu schmieren oder meinem Sohn für einen Geschäftstermin ein Hemd zu bügeln. Dann kann es sein, dass ich eine Zigarette rauche, bevor ich mit dem Training fortfahre. Oder ich esse bei der Zeitungslektüre zwei Stück Kuchen und hänge mich danach an die Klimmzugstange. Wenn ich an solchen Tagen weniger trainiere, ist mir das egal. Ich sehe das Training nicht so verbissen, führe weder einen Trainings- noch einen Kalorienplan. Selbst auf eine Fitnessuhr am Handgelenk, die alles aufzeichnet und auswertet, verzichte ich, schließlich soll das Training Spaß machen und nicht in Zwang ausarten.

Wichtiger Hinweis vorneweg

Alles was ich diesem Buch aufgeschrieben habe, sind die Erfahrungen, die ich im Laufe der vergangenen 30 Jahre bei meinem Training gesammelt habe. Ob sie richtig oder falsch sind, wirklich gesund halten oder nicht womöglich krank machen und überhaupt zur Nachahmung zu empfehlen sind, kann ich nicht sagen, da es keine wissenschaftliche Begleitstudie gibt, die sich dieses Themas annimmt. Ich weiß nur, dass mir mein Training gut tut. Jedoch ist es nicht nur für Menschen im fortgeschrittenen Alter, sondern für alle ratsam, sich einer ärztlichen Untersuchung zu unterziehen, bevor man anfängt, regelmäßig zu trainieren. Insbesondere im Hinblick auf einen Herzfehler oder sonstige Vorerkrankungen, die bei einem intensiven Training möglicherweise zu einem Herzinfarkt oder anderen Schädigungen führen können. Und auch später sollte man sich regelmäßig von einem Arzt untersuchen lassen. Treten während des Trainings Schmerzen oder andere Probleme auf, dann sollte man sich ebenfalls an einen Arzt wenden. Das Buch soll keinesfalls dazu animieren, mit dem Rauchen oder dem Trinken von alkoholischen Getränken anzufangen oder aber den derzeitigen Konsum zu erhöhen. Selbstredend ist es besser für die Gesundheit, alkoholische Getränke nur in Maßen zu sich zu nehmen und auf Zigaretten zu verzichten sowie Fett – insbesondere tierisches Fett – auch nur in geringen Mengen zu sich zu nehmen. Dieses Buch ist für all jene gedacht, die trotz mäßigem Genuss alkoholischer Getränke, Zigaretten und kalorienreichem Essen mehr Kraft und Ausdauer antrainieren und den Bauchumfang reduzieren wollen – ohne deshalb auf alle ihre Laster verzichten zu müssen.

Ich will alles:
Feste feiern und trainieren

Es gibt Tage, insbesondere Sonntage, an denen es mich viel Überwindung kostet, morgens früh aufzustehen und mit dem Hund spazieren oder zum Joggen zu gehen. Beispielsweise dann, wenn am Samstag Abend, zu vorgerückter Stunde, ein Freund an der Wohnungstür klingelt und mit mir noch ein Bier trinken will, nachdem ich bereits zwei Gläser Rotwein getrunken habe. Wir sitzen beieinander, essen Le Gruyère-Käse, Brot sowie gesalzene und geröstete Erdnüsse zum Bier und unterhalten uns angeregt. Drei Biere später und lange nach Mitternacht geht er nach Hause und ich ins Bett. Am Sonntag Morgen stehe ich später auf als geplant, trinke zwei Tassen Kaffee und überlege die ganze Zeit, ob ich jetzt joggen, mit Rocky spazieren gehen oder wieder ins Bett kriechen soll. Ich überlasse den Spaziergang mit unserem Hund Rocky meiner Frau, streife mir meine Laufklamotten über, schnüre meine Sportschuhe und trinke ein Glas Apfelsaft, gemischt mit Mineralwasser. Meine Joggingstrecke beginnt gleich nach dem Start mit einem Anstieg von ca. 130 Höhenmetern auf 1,2 Kilometern Strecke. Während ich mehr und mehr zu keuchen beginne und den Alkohol vom Abend aus den Poren schwitze, frage ich mich immer wieder, warum ich mir das antue. Einige Kilometer später weiß ich es: weil es Spaß macht und weil es mir – gerade nach einem solchen Abend – so gut tut. Jetzt bin ich froh, dass ich meinen inneren Schweinehund, der mich wieder zurück ins Bett bugsieren wollte, überwunden habe. Ich genieße mit jedem Schritt die Landschaft, die strahlende Sonne am Firmament und die unendliche Ruhe: keine Seele weit und breit.

Ich bin kein Freund des Verzichts, soll heißen: Ich will alles! Ich will am Abend Feste feiern bei reichlich Alkohol und Zigaretten und mich am nächsten Morgen laufend durch die Landschaft quälen. Das kostet mich zwar einiges an Überwindung, macht mich aber danach um so zufriedener. Warum soll ich auf das eine verzichten, wenn ich trotzdem auch dem anderen mir gemäß frönen kann? Das eine schließt das andere nicht aus: Feste feiern und feste trainieren.

Da kann es dann auch passieren, dass ich am Freitag Nachmittag mit einem Freund nach der Arbeit in unserer Stammkneipe zwei Biere trinke, anschließend genehmige ich mir bei der Mitgliederversammlung des örtlichen Vereins ein weiteres und schließlich – vor dem zu Bett gehen irgendwann spät nach Mitternacht – genieße ich noch eine halbe Flasche Rotwein. Am nächsten Morgen ist der tägliche Spaziergang mit Rocky dann aber doch anstrengender als sonst.

Einmal war ich früh morgens um drei Uhr mit einem Freund unterwegs, weil er unbedingt seiner Liebsten – gegen ihren erklärten Willen – einen Maibaum vors Haus stellen wollte. Nach getaner Arbeit waren wir um halb sechs Uhr bei mir zu Hause und haben bis sieben Uhr zwei Weizenbiere getrunken. Mein Freund ging anschließend müde nach Hause um sich schlafen zu legen und ich streifte mir meine Laufklamotten über und ging 10 Kilometer joggen – geradewegs hinein in den anbrechenden Frühlingsmorgen.

Mann kann auch immer wieder Neues ausprobieren. Zum Beispiel wie anstrengend – oder auch nicht – das Joggen wird, wenn man die beiden Zigaretten, die man gelegentlich nach dem Lauf raucht, vorher qualmt. Oder wie sehr einen die Tafel Schokolade bremst, die man mal eben vor dem Joggen verschlingt. Und „aller guter Dinge sind drei": frühmorgens zum Frühstück Bier, Süßes und Zigaretten. Vor dem Lauf eine Tafel Schokolade, einen halben Liter Bier und zwei Zigaretten. Ich war erstaunt, wie leichtfüßig ich trotz allem meine Strecke von 15 Kilometer zurückgelegt habe. Hinterher hatte ich mir dann den halben Liter Bier, gemischt mit Cola, verdient. An anderen Tagen, an denen ich nach dem Aufstehen und den zwei Tassen Kaffee lediglich ein Glas Apfelsaft, gemischt mit Mineralwasser, getrunken hatte, fiel es mir deutlich schwerer, die 15 Kilometer lange Strecke zu joggen. Allerdings ist wahrscheinlich der einige wenige Male durchgeführte lasterhafte Versuch nicht besonders aussagekräftig. Ich müsste ihn über ein Jahr jeden Sonntag wiederholen um sagen zu können, ob die Genussmittel vor dem Lauf wirklich keinen Einfluss auf meine Kondition haben oder eben doch und wenn ja, in welcher Form. Aber es bleibt festzuhalten, dass ungesunde Verhaltensweisen vor dem Joggen kein Grund sind um nicht zu joggen.

Seit zwei Jahren haben wir einen Hund, der auf den Namen Rocky hört. Und Rocky ist geradezu eine Wohltat für mich, insbesondere meine Kondition und meinen Bewegungsdrang. Denn er verlangt täglich nach längeren Spaziergängen. Bin ich früher wochentags über den Tag verteilt ungefähr 4 bis 5 Kilometer schnell gegangen, so sind es heute täglich mindestens 10 bis 12 Kilometer, da ich alleine schon mit Rocky 6 bis 8 Kilometer spazieren gehe. Und vor allem muss ich mit Rocky jeden Tag zweimal raus, selbst wenn es heftig regnet oder schneit. Da hilft keine Ausrede, sondern sich nur gut geschützt gegen Nässe und Kälte einzupacken.

Ich bin aber auch früher, vor Rocky, im Winter, wenn es morgens spät hell und abends früh dunkel wird, wochentags nie zum Joggen gegangen. Manche streifen sich bei Dunkelheit eine Stirnlampe über und rennen los. Zu der Sorte Läufer, die im Schein der Lampe durch die Nacht rennen, gehöre ich nicht. Ich will beim Laufen den anbrechenden Tag, ganz gleich ob grau in grau oder sonnig schön, in mich aufsaugen und die Landschaft beim Laufen genießen. Anfangs, als Rocky noch klein war, ging ich gelegentlich morgens nach meinem Krafttraining 3 bis 4 Kilometer – ganz gleich ob im Sommer oder im Winter – mit ihm laufen. Meistens war es aber meine Frau, die morgens Rocky ausführte und mir blieben dann die Abendstunden für einen Spaziergang mit Rocky. Inzwischen absolviere ich – sofern es mir zeitlich möglich ist – die morgendlichen und abendlichen Spaziergänge mit Rocky und meine Frau geht mittags mit ihm raus. Es fällt mir morgens leicht, aufzustehen, Kaffee zu trinken, Zeitung zu lesen und rasch wach zu werden. Nach einer halben Stunde – die Zeitung habe ich inzwischen beiseite gelegt – begebe ich mich in meinen eingerichteten Trainingsraum im Keller, der von meiner Frau auch als Abstellplatz missbraucht wird. Ohne mich vorher aufzuwärmen oder zu dehnen hänge ich wie ein nasser Sack an der Klimmzugstange. Da ist dann beim Krafttraining für mich manches Mal der Moment gekommen – den ich bereits vom Laufen kenne –, an dem ich mich frage, warum ich mir das jetzt gerade antue. Nach den ersten Klimmzügen stellt sich diese Frage dann aber nicht mehr und ich absolviere mein Pensum von dreißig bis fünfundvierzig Minuten Krafttraining. An manchen Tagen, wenn mir die Lust fehlt zu trainieren, ist es gut möglich, dass ich eine Stunde oder noch länger brauche, um mein gewohntes Krafttraining zu absolvieren. Das liegt daran, dass ich immer wieder Pausen einlege. Pausen, in denen ich mich frage, ob ich noch weitermachen oder das Training für diesen Tag beenden soll. Meistens trainiere ich fertig, aber es gibt gelegentlich auch Tage, an denen ich das Training nach der Hälfte des sonstigen Pensums abbreche. Das ist für mich in Ordnung, solange es nicht überhand nimmt oder zur Regel wird. Nach dem Training ziehe ich mich um und gehe mit Rocky in der Au spazieren.

Oft unterbreche ich mein morgendliches Krafttraining nach 70 Klimmzügen oder 200 Liegestützen, stapfe mit dem Hund eine Stunde lang durch die Landschaft und absolviere danach die restlichen 30 Klimmzüge oder 100 Liegestütze, die noch zur Erfüllung meines Tagespensums fehlen.

Es kann gelegentlich vorkommen, dass frühe geschäftliche Termine es mir unmöglich machen, morgens zu trainieren oder mich tagsüber viel mehr als zweihundert Meter zu bewegen. Wenn ich dafür aber spätnachmittags, das heißt für mich vor 17.00 Uhr, nach Hause komme, trainiere ich – wenn ich Lust habe – vor dem Abendessen zumindest einen Teil meines morgendlichen Pensums. Ich gehe dann auch noch mit Rocky spazieren, schaffe an solchen Tagen dennoch lediglich eine Wegstrecke von ca. drei Kilometern. Und wenn ich erst gegen 20.00 Uhr heimkomme, trainiere ich nicht mehr. Aber mit Rocky gehe ich auf jeden Fall noch raus. Sollte ich einen meiner Trainingstage von Montag bis Freitag ausfallen lassen haben – ganz gleich ob aus Zeitnot oder Lustlosigkeit –, hole ich ihn manchmal am ansonsten trainingsfreien Samstag nach. Dann kann es allerdings auch passieren, dass ich das Training zerstückelt absolviere, das heißt, ich mache 25 Klimmzüge, dann eine Pause, in der ich im Garten arbeite, am Auto Öl nachfülle oder einkaufen gehe, und ziehe anschließend wieder 25 Klimmzüge. Das Ganze dauert dann eben so lange, bis ich insgesamt 100 Klimmzüge gezogen habe. Es kommt aber auch oft genug vor, dass ich die versäumten Trainingstage – ganz gleich ob ich sie aufgrund geschäftlicher Termine versäumt habe oder aus purer Faulheit – am Samstag nicht mehr nachhole. Ich sehe das ganze Kraft- und Laufraining nicht so verbissen.

Manche meiner geschäftlichen Termine finden auswärts statt und machen eine oder mehrere Übernachtungen im Hotel notwendig. Das sind für mich absolut trainingsfreie Tage. Ich mache dann kein Krafttraining und gehe auch nicht joggen, obwohl ich natürlich auch auf dem Teppichboden im Hotelzimmer Liegestütze drücken und in der Umgebung des Hotels joggen könnte. Selbst auf den täglichen Spaziergang mit Rocky muss ich verzichten.

Mit einem nahrhaften Frühstück fängt der Tag gut an

Ich frühstücke für gewöhnlich nur dann, wenn ich weiß, dass ich auch etwas „geleistet" habe, also genügend Klimmzüge und Liegestütze gemacht habe oder ausgiebig mit Rocky unterwegs war. Dann ist das anschließende Frühstück verdient. An Wochentagen, an denen ich nicht trainiert habe oder wenigstens mit dem Hund unterwegs war, lasse ich meistens das Frühstück ausfallen. Allerdings frühstücke ich immer, wenn ich auf „trainingsfreien" Geschäftsreisen bin oder Freunde besuche. Sonntags gehe ich eineinhalb bis zwei Stunden mit Rocky spazieren und jogge anschließend 10 bis 15 Kilometer. Wenn ich vom Joggen zurückkomme und geduscht habe, ist es Zeit, das Mittagessen vorzubereiten. Das Frühstück fällt dann zwangsläufig aus und das Mittagessen ist meine erste Mahlzeit am Tag. Wobei ich jetzt der Richtigkeit halber sagen muss, dass das nicht ganz stimmt, da ich während dem Kochen zwischendurch von den einzelnen Zutaten des Essens probiere – ob sie ausreichend gewürzt sind und lange genug gekocht haben.

Was ich morgens wie esse, hängt davon ab, wie viel Zeit ich nach dem Krafttraining und dem ausgiebigen Spaziergang mit Rocky für das Zubereiten des Frühstücks habe. An manchen Tagen schlage ich mir drei bis vier Eier in die Pfanne, verrühre und würze sie und trinke dazu ein Glas Milch. Wenn ich aber ausreichend Zeit habe, um mir ein ausgewogenes Frühstück zuzubereiten, mische ich den Rühreiern Kräuter wie Petersilie oder Schnittlauch bei, die ich entweder frisch aus dem Garten hole oder aber abgepackt und tiefgefroren aus dem Gefrierfach. Dann dürfen auch Schinken und zu Würfeln geschnittene Tomaten nicht fehlen, wobei ich die Tomaten erst ganz zum Schluss in die Bratpfanne gebe, wenn die Kochplatte bereits ausgeschaltet ist, da sie mir sonst zu heiß werden. Das vorzügliche Frühstück wird mit Salz und Pfeffer gewürzt und mit Knoblauch verfeinert. Dazu esse ich eine oder mehrere Scheiben Toast, Weizen- oder Vollkornbrot und montags gelegentlich auch eine Laugenbrezel oder ein Kürbiskornbrötchen – falls noch eine Brezel oder ein Brötchen vom Wochenende übrig geblieben ist – und trinke ein Glas Milch.

Abwechselnd zu den Rühreiern esse ich morgens ein Müsli. Hier sieht die schnelle Variante so aus: Ich verrühre Haferflocken mit sechs bis acht Teelöffeln Zucker und viel Milch. Geht schnell und lässt sich rasch auslöffeln. Steht mir nach dem Training genügend Zeit für die Zubereitung meines Frühstücks zur Verfügung, zerdrücke ich eine oder zwei geschälte Bananen – je nachdem wie groß mein Hunger nach dem Training ist –, zerreibe einen Apfel samt vitaminhaltiger Schale, nehme eine Handvoll getrocknete Rosinen und mische alles den zarten Haferflocken sowie den sechs bis acht Teelöffeln Zucker bei. Die Zutaten verrühre ich mit ausreichend fetthaltiger Milch zu einem nahrhaften, gesunden und äußerst leckeren Müsli, das es so in keinem Lebensmittelmarkt oder -discounter zu kaufen gibt.

Wenn ich nach dem Training keine Zeit habe und alles sehr schnell gehen muss, gebe ich die Bananen zusammen mit den Haferflocken und der Milch samt Zucker in ein großes Trinkglas, zerkleinere und vermische das ganze mit einem Stabmixer zu einem dünnflüssigen Brei und trinke das Glas in zwei oder drei großen Zügen aus.

An den ganz, ganz wenigen Tagen im Jahr, an denen im Kühlschrank keine Eier sind und die Haferflockentüte leer ist, schiebe ich nacheinander vier Scheiben Toast in den Toaster und bestreiche sie mit ausreichend Butter und Honig oder mit einer dicken Schicht Nussnougatcreme. Dazu trinke ich ebenfalls ein Glas Milch.

Es kommt auch vor, dass ich es eilig habe und die Zeit nach meinem Krafttraining und dem Spaziergang mit Rocky nicht ausreicht, um mir Rühreier zu braten oder ein Müsli zuzubereiten. Auf dem Weg ins Büro oder zu einem Termin halte ich an einer Bäckerei an und kaufe mir zwei Brezeln zum Frühstück.

Das Mittagessen im Restaurant macht meistens müde und selten satt

An manchen Tagen gibt es ein warmes Mittagessen und an anderen ein kaltes aus dem Kühlregal. Wenn ich mittags mit einem Freund oder Geschäftspartner verabredet bin, dann gehe ich mit ihm zum Essen in ein Restaurant. Beim Italiener bestelle ich meistens eine große Pizza mit hauchdünnem, knusprigem Boden. Andere Restaurants werben mit einem vergünstigten Mittagstischangebot. Für fünf bis sechs Euro bekommt mann z. B. Putengeschnetzeltes mit Spätzle und einem kleinen Beilagensalat oder Schnitzel mit Kartoffelsalat aber auch Linsen mit Spätzle und Saitenwürstchen und – im Schwabenland obligatorisch – Maultaschen in der Brühe oder angebraten. Gelegentlich nehme ich auch einen Salatteller, der mit gebratenen Hühner- oder Rindfleischstreifen garniert ist. Aber ich bin kein großer Salatesser. Ich habe stets den Eindruck, dass ich von so einem Salatgericht gar nicht so viel essen kann, bis bei mir ein Sättigungsgefühl einsetzt. Für ein mehrgängiges Menü mit Vorspeise, Hauptgericht und Nachtisch fehlt mir mittags die Zeit. Wobei es nicht nur die Zeit ist, sondern auch das Geld. 20 bis 30 Euro für ein dreigängiges Menü ist nicht gerade günstig.

Früher mussten die Menschen viel länger für ihr Essen und ihre Lebensmittel arbeiten als dies heute der Fall ist. Dafür waren die Haltungsbedingungen der Kühe, Schweine und Hühner auf den Bauernhöfen mehr am Tierwohl ausgerichtet. Schließlich gab es nicht schon immer industrielle Agrarbetriebe mit Mastställen und Legebatterien für Zehntausende von Tieren. Kühe konnten Gras und Heu fressen und Hühner auf dem Hof nach Regenwürmern scharren. Eigentlich sollte es uns zu denken geben, dass die Lebenshaltungskosten insgesamt teurer, aber die Lebensmittel immer günstiger werden.

Zuhause kann ich, im Gegensatz zum Restaurantbesuch, darauf achten, auch regionale oder Bio-Lebensmittel zu kaufen. Fleisch und Wurst aus

Bio-Haltung sind zwar teurer als Fleisch und Wurst aus anonymen Mastbetrieben, aber auch gesünder. Ich weiß noch ganz gut aus meiner eigenen Kindheit, dass Fleisch fast ausschließlich am Sonntag auf den Teller kam, als Sonntagsbraten. Von Monntag bis Samstag kochte meine Mutter allerlei Gemüsegerichte neben Pfannkuchen, Griesbrei und anderen fleischlosen Speisen. Und auf das Schulbrot gab es Marmelade und nur gelegentlich Wurst oder Käse. Auch heute noch kann es sein, dass ich ein paar Tage weder Wurst noch Fleisch esse. Joghurt, Käse, Eier, Haferflocken, Bananen, Nüsse und ein Schnittlauchbrot schmecken ebenso gut. Außerdem freue ich mich danach umso mehr auf ein saftiges Steak.

Wie viele Kalorien ich mittags zu mir nehme, kann ich selbstverständlich nicht sagen, da im Restaurant mit dem Essen ja keinerlei Angaben zur Kalorienzahl der zubereiteten Speisen mitgeliefert werden. Indes könnte ich jede einzelne zu mir genommene Kalorie addieren, wenn ich mir im Supermarkt mein Mittagessen zusammenstelle. Sowohl beim Heringssalat in Sahnesoße als auch beim Sahnefruchtjoghurt und den Wibele zum Nachtisch ist die Zahl der Kalorien, die man mit dem jeweiligen Lebensmittel zu sich nimmt, auf der Verpackung aufgedruckt. Ich bin aber keiner, der neben dem Essen Kalorien zählt. Und ich mag mich mittags nicht von Obst ernähren. Bananen, Äpfel und Trauben sind wunderbar für zwischendurch, als Beilage beim Frühstück oder zum Nachtisch, aber nicht als Hauptspeise. Dann lieber zwei Brezeln und ein süßes Plundergebäck. Manchmal kaufe ich auch aus dem Kühlregal in Folie verpackten und dünn geschnittenen Schwarzwaldschinken. Damit belege ich mir dann zwei Kürbiskernbrötchen.

Was ich überhaupt nicht mag, ist das Mittagessen ausfallen zu lassen. Dann knurrt mir den ganzen Nachmittag lang der Magen und es fällt mir schwer, mich auf die Arbeit zu konzentrieren. An manchen Tagen ist es sogar so, dass ich, auch wenn ich zum Essen im Restaurant war, bereits nach 1 bis 2 Stunden wieder ein leichtes Hungergefühl verspüre, das sich dann nur mit einem Plundergebäck oder einer Tafel Schokolade bändigen lässt.

Nach dem Abendessen noch ein Bier – oder zwei

Wenn ich abends – meistens zwischen 20.00 und 21.00 Uhr – heimkomme, habe ich Hunger, schließlich liegt dann die Mittagspause bereits sieben bis acht Stunden zurück. Entweder schnappe ich mir gleich meine Hund Rocky und gehe mit ihm eine Runde von 2 bis 3 Kilometern spazieren, oder ich genehmige mir zuerst mein Abendbrot, da mein Magen so ausdauernd knurrt.

Ob vor oder nach dem Spaziergang mit Rocky – irgendwann stöbere ich im Kühlschrank nach Essbarem. Manches Mal – aber höchst selten – sind am Abend noch Reste vom Mittagessen übrig, das meine Frau für die Kinder gekocht hat. Dann mache ich mir z. B. Spaghetti Bolognese, Pfannkuchen oder Linsen mit Spätzle und Saitenwürstchen warm. Wenn nicht, dann gönne ich mir an den Tagen, an denen ich morgens drei bis vier Rühreier gegessen habe, abends eine oder zwei Scheiben Brot, die ich mit Käse oder Tomatenscheiben belege. Oder ich hole mir aus dem Garten Schnittlauch, schneide ihn klein, schmiere eine dicke Schicht Butter auf die Brote und streue den kleingeschnittenen Schnittlauch darüber – einfach nur köstlich. Meistens liegen auch in Folie eingeschweißte Maultaschen im Kühlschrank. Ich brate dann zwei bis drei Maultaschen in der Pfanne knusprig an und esse sie mit einer großen Portion Ketchup.

Manchmal brate ich mir abends vier Spiegeleier – unabhängig davon, ob ich bereits Rühreier zum Frühstück hatte. Eine gute Alternative zu belegten Broten, Maultaschen und Eiern sind für mich zwei bis drei Becher Fruchtjoghurt à 150 Gramm. Hier bevorzuge ich Joghurt mit Heidelbeeren. Aber auch den Sorten Kirsche, Pfirsich und Erdbeere bin ich nicht abgeneigt.

Von der Tafel Schokolade – am liebsten esse ich die Sorten „Rum, Trauben, Nuss", „Trauben, Nuss" und „Alpenmilch" –, die mir meine Frau vom Einkauf mitbringt, bleibt an manchen Abenden eine halbe Tafel übrig und an anderen kein einziges Stück. Aber mehr noch als Schokolade liebe ich Nüsse und da ganz besonders Cashewkerne, die mir am besten naturbelassen – also nicht geröstet und gesalzen – schmecken. Bei Cashewkernen kann es sein, dass ich 100 bis 150 Gramm davon an einem Abend esse. Wobei ich ohnehin die meisten der gängigen Nussarten ganz gerne knabbere: sowohl Wal- und Haselnüsse wie auch Erdnüsse. Ebenso lecker schmecken mir Pistazien. Es kann auch passieren, dass ich abends das Vesper mit Brot oder Eiern ganz ausfallen lasse und mich nur von gesalzenen und gerösteten Erdnüssen oder Cashewkernen ernähre.

Zum warmen Abendessen oder kalten Vesper trinke ich für gewöhnlich ein Bier. Gelegentlich mische ich dem Viertel Liter Bier einen Viertel Liter Cola bei. Und wenn ich nach dem Abendessen noch eine halbe Stunde Zeitung lese oder am Computer online die aktuellen Nachrichten verfolge, genehmige ich mir ein weiteres Bier oder trinke ein Glas Rotwein.

Es kommt auch öfters vor, dass ich am späten Abend noch arbeiten muss: entweder Korrekturlesen von Flyern, Foldern, Katalogen und Zeitschriften oder Angebote schreiben für Kunden. Hinterher trinke ich dann ein Bier oder ein Glas Rotwein und gehe schlafen

Manchmal besucht mich auch ein Freund spät abends und ohne vorherige Ankündigung. Er kommt dann meistens hungrig zu mir, hat großen Durst und bleibt bis nach Mitternacht. Das sind Abende, an denen ich hinterher nüchtern feststellen muss, dass ich sowohl zu viel geräucherten Schinken mit Brot, als auch zu viel Käse und Nüsse gegessen und zu viel Bier getrunken habe.

Wozu trainiere ich überhaupt?

Was will ich erreichen? Wann will ich es erreichen? Und mit wie viel Anstrengung will ich es erreichen? Ich möchte konditionell fit sein, gut aussehen und trotzdem genießen können, was zugegebenermaßen nicht so sehr gesund ist – z. B. am Abend eine krosse Schweinshaxe mit ein paar Gläsern Bier und einem halben Dutzend Zigarillos bei guten und anregenden Gesprächen mit einem lieben Freund in einem Münchner Biergarten.

Worauf ich absolut keine Lust habe, ist abends mit den verschwitzten Leibern anderer in einer Muckibude im Rhythmus der knarzenden und quitschenden Gelenke an den Geräten um die Wette zu keuchen.

Der Abend ist ohnehin nicht die richtige Zeit für meinen Biorhythmus. Ich bin ein Frühaufsteher. Und ich will mit möglichst wenig Zeitaufwand und wenigen verschiedenen Übungen Muskeln und Kondition aufbauen – was sicher nicht für jeden zu empfehlen ist. Dafür braucht es meines Erachtens nicht sehr viel. Unzählige Ratgeber werben mit vielen verschiedenen Übungen, die garantiert jeden noch so kleinen Muskel trainieren. Mir reichen wenige Übungen vollkommen: Klimmzüge, Liegestütze und Joggen bzw. schnelles Gehen. Mit den Klimmzügen und Liegestützen trainiere ich – etwas salopp gesprochen – meinen Oberkörper und mit dem Joggen oder Gehen meinen Unterkörper. Drei Übungen reichen mir für ein gutes Wohlbefinden. Nicht mehr und nicht weniger. Das kann jeder sehen wie er es mag. Wer täglich 100 verschiedene Übungen absolvieren will, um auch wirklich jeden Muskel seines Körpers zu trainieren, soll es tun. Mir reichen drei Übungen. Ich stehe morgens auf, trinke zwei Tassen Kaffee, während ich die Tageszeitung lese und gehe dann trainieren. Weder wärme ich mich vor dem Training auf, noch mache ich irgendwelche Dehnübungen – was keine Empfehlung für andere sein soll. Eben noch habe ich an der zweiten Tasse Kaffee genippt, da hänge ich auch schon an der Klimmzugstange und ziehe meinen müden Körper hoch. Oder ich liege zwischen drei zusammengerückten Stühlen und drücke meine Liegestütze. Und sonntags gehe ich mit dem Hund spazieren, ziehe mir anschließend die Laufklamotten über und jogge dann los, um gleich die ersten 130 Höhenmeter auf einer Strecke von 1,2 Kilometern zu überwinden. Aller guten Dinge sind drei, in meinem Fall: Klimmzüge, Liegestütze und Joggen bzw. schnelles Gehen. Es gibt für mich nichts Besseres. Wobei ich an dieser Stelle noch einmal ausdrücklich darauf hinweisen möchte, dass niemand es so machen soll oder muss, wie ich das Training angehe, nämlich ohne Dehn- und Aufwärmübungen und beschränkt auf drei Übungen. Jeder soll tun und lassen was er mag. Mir fehlen morgens schlicht die Zeit und insbesondere die Lust zum Dehnen und Aufwärmen oder um zusätzlich zu meinen morgendlichen Übungen noch weitere Kraft und Ausdauer fördernde Verrenkungen mit einzubinden.

Inzwischen trainiere ich seit über 30 Jahren. Anfangs bin ich kürzere Strecken bis 3 Kilometer Länge gejoggt, habe einige Liegestütze gemacht, den Expander auseinander gezogen, die Königsfeder zusammen gedrückt und mit der Kurzhantel Armbeugen trainiert. Vor ungefähr 16 Jahren habe ich damit begonnen, mein Krafttraining auf die beiden Übungen Liegestütz und Klimmzug zu beschränken, wobei ich die Klimmzüge anfangs an den Treppenstufen hängend gezogen habe und die Liegestütze auf dem Boden. Beim Joggen erhöhte ich allmählich die Laufstrecke auf 5 Kilometer.

Früher habe ich nicht so intensiv trainiert wie heute und war aufgrund meines jungen Alters trotzdem schlank. Eine 3 bis 5 Kilometer lange Joggingstrecke reichte mir völlig aus – heute müssen es 10 bis 15 Kilometer sein. 10 Klimmzüge waren damals genug – heute mache ich 100. Und selbst bei den Liegestützen bin ich nie über 50 Stück hinaus gekommen und die auch noch in der gewöhnlichen Ausführung auf dem Boden und nicht aufgestützt zwischen den Stühlen, die deshalb so anstrengend sind, weil der Körper aus der tiefen Ausgangsposition hochgedrückt wird – und das 300 Mal.

Dass ich heute mehr trainiere als früher, hängt aber auch damit zusammen, dass sich mit zunehmendem Alter der Stoffwechsel und die Körperzusammensetzung verändern. War der Körper in jungen Jahren auf Wachstum programmiert, stellt der Organismus spätestens ab dem 40. Lebensjahr auf den Erhalt der Körpermasse um. Das heißt, der Stoffwechsel wird gedrosselt, wobei das je nach Veranlagung bis zu 15 Prozent sein können. Das hat zur Folge, dass nicht nur der Energieverbrauch sinkt, sondern dass sich auch die Körperzusammensetzung verändert. Und bereits ab dem 30. Lebensjahr verliert jeder Mensch annähernd ein Prozent Muskelmasse im Jahr. Um das zu verhindern, gilt es aktiv Sport zu treiben. Im Gegensatz zur Muskelmasse erhöht sich nämlich der Fettanteil. Dies hat zur Folge, dass sich das Gewicht zwar nicht verändert, aber dennoch der Energieverbrauch sinkt, da Fettzellen weit weniger Kalorien verbrennen als Muskelzellen. Erschwerend kommt hinzu, dass Männer ab 40 Jahren weniger Testosteron produzieren, was zu Folge hat, dass die Muskulatur – ohne Training – zwangsläufig ab- und der Bauchumfang zunimmt. Im Alter nimmt aber nicht nur die Muskulatur ab, sondern es sinkt auch der Somatropin-Spiegel. Somatropin ist ein Wachstumshormon, das fettabbauend wirkt. Den umfassenden Muskelabbauprozess kann man – wenn überhaupt – nur mit einem regelmäßigen Lauf- und Krafttraining bremsen bzw. aufhalten und, zumindest ein Stück weit, umkehren.

Mein Freund und Trainingspartner
bei allen Angelegenheiten
rund um die Bewegung: Rocky.

Was benötige ich für mein Training?

Was brauche ich für mein Training? Ich nehme mir ein gewöhnliches Baumwoll-T-Shirt aus dem Kleiderschrank und streife mir eine Baumwoll-Sporthose über. Natürlich kann ich auch für viel Geld eng anliegende Funktionskleidung aus Synthetikfasern kaufen, die den Schweiß nach außen transportiert und trocken bleibt – muss ich aber nicht. Ich gehe mit dem gesparten Geld lieber gut essen und trinken, wobei es mir vor allem die italienische Küche und die italienischen Weine angetan haben.

Wenn ich nach dem Joggen nach Hause komme, erwecke ich meistens den Eindruck, als ob ich gerade duschen war: nass von Kopf bis Fuß. Dennoch bin ich bislang selbst im Winter noch nie krank geworden. Im Winter setze ich allerdings das Zwiebelprinzip um: mehrere Lagen T-Shirts – je nach Kältegrad – übereinander und zuletzt ein Pulli oder Sweatshirt.

Für das Joggen braucht man Sportschuhe. Glaubt man der Werbung der großen Sportartikelfirmen, dann müssen es ganz besondere Laufschuhe mit Dämpfungs- und Stabilisierungsfunktionen sein. Wie war es den Läufern in früherer Zeit möglich, zu joggen? Konnten Sie sich ohne Dämpfung, Stabilisierung und Fersenkeil überhaupt bewegen? Hatten sie womöglich schmerzhafte Fußfehlstellungen aufgrund völlig ungeeigneter Laufschuhe? Ich trage beim Joggen ganz gewöhnliche Turnschuhe. Inwieweit sie dämpfen und stabilisieren weiß ich nicht. Aber meine Bänder haben sich inzwischen an die Schuhe und das unebene Gelände, auf dem ich jogge, gewöhnt. Und sie machen es seit Jahrzehnten zu meiner vollsten Zufriedenheit.

Heutzutage gibt es für jede Sportart eine umfassende Ausrüstungsindustrie mit dazugehöriger Marketingmaschinerie, die das Ganze an den Mann, respektive die Frau bringen soll. Kann man kaufen, muss man aber nicht. Ich gebe hier keine Empfehlung für irgendwelche Produkte ab, sage nicht was Mann oder Frau kaufen soll und was nicht. Früher war die Entscheidung leichter, weil es diese riesige Auswahl nicht gab. Meine Laufschuhe haben – soweit ich weiß – keine besondere Funktionen. Ich benutze sie auch als ganz normale Straßenschuhe untertags und gelegentlich sogar, um im Garten leichte Arbeiten zu verrichten. Hin und wieder trage ich sie selbst dann, wenn ich meiner Tochter beim Ausmisten im Pferdestall helfe. Für mich sind meine Turnschuhe absolute Allroundschuhe.

Für die Klimmzüge habe ich mir eine Klimmzugstange gekauft, die mit sechs Schrauben an der Wand befestigt wird. Es gibt auch Modelle, die sich an die Decke schrauben lassen. Günstiger sind allerdings Klimmzugstangen, die zwischen die Türzargen geklemmt werden können. Insbesondere dann, wenn kein eigener Trainingsraum im Haus bzw. in der Wohnung zur Verfügung steht und die Klimmzugstange nach jedem Training wieder demontiert werden muss. Und es gibt auch Klimmzugstangen, die man frei im Raum aufstellen kann. Sie sind höhenverstellbar und sehen ein bisschen aus wie Teppichstangen. Wenn man gerade nicht trainiert, kann man sie auch als Kleiderstange benutzen und seine Sakkos und gebügelten Hemden daran aufhängen. Und wer überhaupt kein Geld ausgeben will und zuhause Holzdielen als Treppenstufen auf einem Metallgerüst liegen hat, der kann sich an die Dielen hängen und hochziehen. Das habe ich selbst viele Jahre so gemacht, als ich noch keinen Trainingsraum hatte.

Nicht laufend Rekorde aufstellen, sondern laufend die Natur genießen

Im Sommer macht das Joggen richtig Spaß: Es ist warm, die Sonne scheint und die ganze Natur strotzt nur so vor Leben. Der Appetit ist im gleichen Maße gezügelt wie der Durst gesteigert ist. Ein 15 Kilometer langer Lauf ohne Mineralwasser für unterwegs erfordert einen großen Schluck Durstlöscher vor dem Start. Ich trinke einen Dreiviertel Liter Apfelsaft gemischt mit Mineralwasser, um meine Laufstrecke von 10 bis 15 Kilometern durchzustehen, wobei ich ergänzen muss, dass meine Laufstrecke neben sonnigen Abschnitten auch lange Passagen im schattigen Wald oder Waldrand aufweist. Wenn das Thermometer draußen mehr als 25° C im Schatten anzeigt, ist es schwer, die 10 bis 15 Kilometer ohne Trinkvorrat durchzustehen. Für mich ist die Grenze bei sonnigem Wetter mit ca. 20° C erreicht. Bei diesen Wetterbedingungen laufe ich die Strecke durch, ohne unterwegs auch nur einen Schluck zu trinken, was mir an manchen Tagen leicht und an anderen wiederum sehr schwer fällt.

Im Herbst und Winter fühle ich mich wie ein Igel, der sich den nötigen Winterspeck anfuttert, um die kalte Jahreszeit zu überstehen. Drei bis fünf Kilos mehr auf den Rippen sind bei mir normal. Schuld daran sind allerdings nicht nur die eingeschränkte Laufintensität aufgrund von Eis und Schnee, sondern auch das köstliche Weihnachtsgebäck wie Lebkuchen, Christstollen und Gutsle, das mit Beginn der Adventszeit – oder auch schon lange davor – zum Verzehr überall bereit liegt und mich nur allzu oft schwach werden lässt, und dicker, und schwerer, und träger, zumindest bis nach den Weihnachtsfeiertagen, wenn das Fett um die Hüften mit dem Schnee um die Wette schmilzt.

Am liebsten laufe ich im Wald. Und am allerliebsten an einem Morgen, an dem die Sonne eben am Horizont aufgeht und ihr wärmendes Sonnenlicht über das Land legt. Der Wald und ganz besonders der Mischwald mit seinem leuchtend grünen Blätterdach strahlt eine unglaubliche Ruhe aus. Aller Stress verflüchtigt sich und alles was einen eben noch bekümmert hat, wird für einen Moment zweitrangig. Im Wald zu laufen ist für mich Erholung pur. Ich laufe, die Seele baumelt, die Sinne sind geschärft: Über den Waldboden auf der Anhöhe vor mir schlürft ein Fuchs auf der Suche nach Beute, zwei Rehe überqueren aufgeregt einen Steinwurf entfernt den Waldweg. Über mir kreist ein Rotmilan und das laute Gezwitscher aus den Kehlen der Meisen, Häher und Finken erfüllt die Stille zwischen den alten Buchen, Eschen und Ahornbäumen. An markanten Stellen im Wald, von denen man beispielsweise einen wunderbaren Blick auf eine sonnenbeschienene Lichtung hat, bleibe ich stehen, genieße den unwiederbringlichen Augenblick und sauge die Bilder, die sich mir präsentieren, förmlich in mir auf. Manches Mal, am Ende meines Laufes, will ich gar nicht aufhören zu joggen, sondern immer weiter im Wald und auf den angrenzenden, heckengesäumten Feldern und Wiesen unterwegs sein, um diesen wunderbaren Moment vollkommener Zufriedenheit und Ausgeglichenheit möglichst lange hinauszögern.

Ich bin ein Genussläufer und kein Kilometerfresser, der die Strecke in kürzester Zeit mit der höchst möglichen Geschwindigkeit herunterspulen muss, ohne den Blick nach links oder rechts abschweifen zu lassen. Ich genieße die grauen Baumriesen, die mir im Sommer Schatten spenden, die bunten Blumenwiesen am Wegesrand – bleibe sogar einen Moment stehen um die Farbenpracht und -vielfalt zu bestaunen –, laufe später mit einem aufgescheuchten Feldhasen den Schotterweg entlang um die Wette und lausche dem Gesang der Lerche, während sie sich in den Himmel empor schraubt. So erholsam, so kraftspendend und nicht kraftraubend kann ein Trainingslauf sein.

Um das alles genießen zu können, laufe ich grundsätzlich ohne Stöpsel im Ohr, die mich mit lauter Musik berieseln und den Gehörsinn abklemmen. Mit den Dingern im Ohr höre ich weder die Rehe im Unterholz, noch das Gezwitscher der Vögel – ganz zu schweigen von dem Hecheln eines frei laufenden Hundes, der mich rennenden Jogger als Beute betrachtet und mir nachjagt. Mit Stöpseln kann ich erst dann reagieren, wenn er sich in meine Wade verbissen hat. Dann würden mir bestimmt vor Schreck die Dinger aus den Ohren fallen.

Wer weder Wald noch Felder und Wiesen direkt vor der Haustür hat, muss entweder mit Auto, Bahn, Bus oder Fahrrad in die Natur fahren und loslaufen oder aber in der Stadt joggen. Wenn die Stadt einen größeren Park beherbergt, kann auch das Joggen in der Stadt „naturnah" sein, wobei man – wenn man 10 Kilometer oder mehr laufen will – die Parkanlage unter Umständen mehrmals umrunden muss. Ist kein Park in der Nähe, bleiben nur noch die Asphaltstraßen zwischen den Häuserschluchten. Nicht gerade das Optimale für die Gelenke, aber besser als gar nicht zu laufen. Störend sind vor allem die Stopps an roten Ampeln, die man wohl – wenn keine Autos und Laster vorbeibrausen – auch verkehrswidrig bei Rot queren kann. Bei viel Verkehr bleibt einem hingegen nichts anderes übrig, als bis zur Grünphase auf der Stelle zu trippeln um nicht ganz aus dem Laufrhythmus zu geraten. In der Stadt ist es auch ratsam, nicht gerade in der Rushhour zu laufen, wenn die Luftverschmutzung durch das hohe Verkehrsaufkommen besonders hoch ist, sondern besser davor oder danach – wenn man es sich einrichten kann.

Es gibt für mich nichts schöneres als das Joggen allein
oder das Spazierengehen mit Rocky im Wald.
Ganz gleich ob im Frühjahr,
Sommer, Herbst oder Winter:
Der Wald tut immer gut.

Sich regen bringt Segen – immer in Bewegung bleiben

„Sich regen bringt Segen." Ganz gleich ob es ein altes arabisches Sprichwort ist, oder auf die protestantischen Calvinisten zurückzuführen ist: Das Sprichwort stimmt und hat bis heute nichts an seiner Aktualität eingebüßt. Mit das Wichtigste im Leben ist „sich regen", sich zu bewegen. Wir sind nicht geboren, um nur Chips kauend auf dem Sofa zu lümmeln und gebannt auf die Flimmerkiste, das Tablet oder das Smartphone zu starren. Unsere Vorfahren waren Jäger und Sammler. Stundenlang und viele Kilometer weit sind sie durch Wälder und über Steppen gestreift – auf der Suche nach Nahrung. Waren sie auf der Jagd erfolgreich, haben sie sich satt gegessen und der Körper hat Reserven angelegt für die nächste langwierige und kraftzehrende Jagd nach Beute. Heute genügen oft hundert bis fünfhundert Meter am Tag, um sich erfolgreich mit Nahrung und allem, was der Mensch zum Leben und Überleben braucht, einzudecken. Viele von uns essen, als gelte es, am nächsten Tag das Mammut am Ende des Horizonts zu erlegen. Dabei sind es nur fünf Meter bis zum Kühlschrank.

Beim Joggen werden die unterschiedlichsten Muskeln trainiert. Zuvorderst sind dies natürlich die Muskelgruppen der Beine und des Fußes; und hier insbesondere die Wadenmuskeln, die mit am meisten beansprucht sind, während die Fußmuskulatur den Fuß vor allem in unebenem, schwierigem Gelände stabilisiert und unterstützt. Aber auch die Armmuskulatur wird beim Joggen trainiert. Die Arme verleihen im Rhythmus mit den Beinen den nötigen Schwung und halten den Körper im Gleichgewicht. Selbst die Rücken- und Nackenmuskulatur sind beim Joggen angespannt. Nahezu zwei Drittel aller Körpermuskeln werden beim Joggen beansprucht.

Joggen hat auch einen positiven Einfluss auf die Konzentrationsfähigkeit, da das Gehirn beim Joggen besser durchblutet wird und das Trai-

ning die Hirnzellen dazu reizt, schneller, effektiver und deutlich ausdauernder zu arbeiten. Wenn ich jogge, habe ich meistens gute Ideen, wie ich anstehende Aufgaben oder Probleme lösen kann. Und während das Joggen meine Gedanken anregt, bilden sich Synapsen, die ermöglichen, dass das eine hinterfragt und anderem Gehör verschafft wird. Ich kenne keine andere Möglichkeit, mich derart produktiv mit mir selbst auseinanderzusetzen, als dies beim Joggen der Fall ist. Es gibt aber auch Tage, an denen mich weniger Ideen und Probleme beschäftigen. Dann laufe ich in meinem Tempo vor mich hin und habe eine Melodie im Kopf.

Wer regelmäßig joggt senkt auch seinen Ruhepuls und regt seine Verdauung an, so dass es erst gar nicht zu Stuhlgangproblemen kommt. Das Laufen fördert zudem einen gesunden, tiefen Schlaf und stärkt das Immunsystem, insbesondere dann, wenn man das ganze Jahr über – also auch in der kalten Jahreszeit – joggt. Ich bin die ganzen letzten Jahre weder an einer schweren Erkältung noch an einer Grippe erkrankt. Lediglich mit dem ein oder anderen Schnupfen musste ich mich in der Herbst- und Winterzeit auseinandersetzen.

Für mich ist jeder Tag, an dem ich mich nicht wenigstens 10 bis 12 Kilometer bewege, ein schlechter Tag. Leider gibt es auch bei mir – aus allerlei Gründen – viele solche schlechten Tage über das Jahr verteilt. Aber jeder kann sich, wenn er will, ausreichend bewegen. Der morgendliche Weg zum Bahnhof wird nicht mit dem Auto oder dem Fahrrad, sondern zu Fuß zurückgelegt. Und für die kurze Strecke vom Bahnhof zum Arbeitsplatz nimmt man nicht die U-Bahn, sondern geht ebenfalls zu Fuß. Optimal ist es, wenn man die einstündige Pause zur Mittagszeit so verbringt, dass man eine halbe Stunde in der Kantine oder im Restaurant ohne große Hast das Tagesessen einnimmt und sich im Anschluss noch eine halbe Stunde im Freien bewegt. Oder man kauft sich ein Sandwich und verzehrt ihn beim Gehen, dann kann man annähernd eine Stunde spazieren gehen. Am besten bei jedem Wetter. Natürlich wird durch das viele Gehen der Weg zur Arbeit länger. Man braucht – inklusive Wartezeit an Bus- und U-Bahn-Haltestellen – nicht mehr nur fünfzehn Minuten zur Arbeit, sondern dreißig bis vierzig Minuten. Aber sollte es uns das nicht wert sein, wenn wir dafür mehr Kraft und Ausdauer und die Aussicht auf ein gesünderes Leben haben?

Ebenfalls ein guter Bewegungsmotivator ist ein Hund, mit dem man morgens vor und abends nach der Arbeit spazieren gehen muss, schließlich braucht der Hund viel Bewegung – vor allem wenn der Welpe ausgewachsen eine stattliche Größe mit annähernd 30 kg Lebendgewicht erreicht – so wie unser Rocky. Nachmittags können sich die Ehefrau oder die Kinder des Hundes annehmen und mit ihm Gassi gehen.

Man kann auch morgens im Laufschritt bereits sein erstes Geld verdienen indem man Zeitungen austrägt. Zugegeben, der Job verlangt einiges von einem ab. Früh morgens kann man nicht länger liegen bleiben, weil man am Vorabend zu tief ins Glas geschaut hat. Und man muss bei Sturm und Regen, Eis und Schnee die Zeitungen in die Briefkästen stecken. Der Vorteil: Man ist abgehärtet gegen Wind, Wetter und Erkältungen, hat jede Menge Kalorien verbrannt und die Ausdauer trainiert sowie bereits sein erstes Geld verdient, während alle anderen noch schlafen.

Zu einer meiner früheren Arbeitsstellen hatte ich eineinhalb Stunden Fahr- und Gehzeit. Fünfzehn Minuten Gehzeit von Zuhause zum Bahnhof. Fünfunddreißig Minuten Fahrzeit mit dem Zug nach Stuttgart. Fünf Minuten für das Umsteigen vom Zug zur Straßenbahn. Zwanzig Minuten Fahrt mit der Straßenbahn. Und nochmals fünfzehn Minuten zu Fuß die Straße entlang zur Arbeitsstelle. Und in der Mittagspause, nachdem ich mein Pausenbrot gegessen hatte, bin ich immer noch eine halbe Stunde im angrenzenden Park spazieren gegangen. Das liegt jetzt 25 Jahre zurück. Damals konnte ich mittags zwei Tafeln Schokolade zum Nachtisch essen ohne ein Gramm zuzulegen.

Wenn man unter der Woche keine Zeit fürs Joggen hat, ist es umso wichtiger, es am Wochenende zu tun. Für mich ist der Sonntag der ideale Tag zum Joggen. Am Anfang ist es nicht so wichtig wie weit und wie lange man joggt, sondern dass man überhaupt damit anfängt. Anfangs – mehr oder weniger untrainiert – streut man sowieso zwischen die Joggingabschnitte, die man ohne Überanstrengung bewältigen kann, Gehphasen, die mit der Zeit immer kürzer werden, bis man die Joggingstrecke durchgehend am Stück absolviert. Es ist wichtig, die Joggingstrecke im Laufe der Zeit nur moderat so weit zu erhöhen, bis man irgendwann seine für sich passende Streckenlänge gefunden hat. Bei mir sind das 10 bis 15 Kilometer. Noch weiter erhöhen werde ich meine Strecke nicht. Ich laufe sie in meinem Tempo, das von Woche zu Woche variieren kann, und bin hinterher zufrieden. An manchen Sonntagen fühle ich mich allerdings matt und antriebslos. Das kann sowohl am reichlichen Alkohol vom Vortag liegen als auch an einem leichten Schnupfen. Unter diesen Umständen kann es sein, dass ich für eine 10 Kilometer-Strecke auch mal 90 Minuten oder noch viel länger brauche, weil ich immer wieder stehen bleibe und einige Teilstücke meiner Joggingstrecke gemütlich gehe. Das ist völlig in Ordnung. Der Mensch ist keine Maschine, die ständig funktioniert. Solche „gemütlichen" Sonntage wird es auch zukünftig immer wieder geben. Sie sollten nur nicht zur Gewohnheit werden sondern die Ausnahme bleiben.

Wenn im Winter auf der Alb ein halber Meter Schnee liegt, ist Joggen beim besten Willen nicht mehr möglich. An diesen Tagen schnüre ich meine Stiefel und stapfe durch den tiefen Schnee, möglichst so lange wie ich ansonsten joggen würde, was ebenso schweißtreibend ist.

Bei einem leichten Schnupfen – wenn die Nase läuft und ich weder Fieber noch Husten habe – drossle ich beim Joggen mein Tempo und verkürze gegebenenfalls meine Runde. Das hängt ganz davon ab, wie ich mich fühle. Eine andere Möglichkeit ist, dass ich längere Gehphasen in meine Joggingstrecke einbaue oder gleich von vornherein nicht jogge, sondern nur einige Kilometer gehe. Wenn ich mich richtig krank fühle, Fieber und Halsschmerzen habe, lasse ich das Joggen ausfallen, schließlich will ich mich nicht der Gefahr aussetzen, an einer Herzmuskel- oder Lungenentzündung zu erkranken.

Am Thema Joggen scheiden sich bekanntermaßen die Geister. Die einen behaupten, dass man sich dabei die Gelenke ruiniert und die anderen, dass Joggen die Gelenke fit hält. Ein Freund von mir hat Arthrose im Knie und läuft mit seinem Arthrose-Knie – etwas übertrieben gesprochen – einen Marathon oder Halbmarathon nach dem anderen. Seiner Meinung nach tut das Laufen seinem Arthrose-Knie gut. Das kann man nur hoffen.

Wer glaubt, dass ihm das Joggen nicht gut tut – ganz gleich ob es am Knie, Fuß oder an den Gelenken liegt –, der soll, wenn möglich, schnell gehen. Beim schnellen Gehen werden die Gelenke nicht so starken Kräften ausgesetzt wie beim Joggen.

Der griechische Arzt Hippokrates von Kos lebte von 460 v. Chr. bis etwa 370 v. Chr. und wurde ca. 90 Jahre alt. Ein erstaunliches Alter für die damalige Zeit. Er gilt als Begründer der Medizinwissenschaften. Von ihm stammt der Ausspruch: „Gehen ist des Menschen beste Medizin." Ich versuche täglich der Feststellung des klugen Hippokrates gerecht zu werden. Und jeden Sonntag – von Ausnahmen abgesehen – und bei jedem Wetter gehe ich eine Stunde bis zwei Stunden mit meinem Hund Rocky spazieren. Anschließend ziehe ich mich um, trinke einen halben Liter Apfelsaft gemischt mit Mineralwasser und jogge gemütlich eine Strecke von 10 bis 15 Kilometern.

Insgesamt gesehen, bewege ich mich heute viel mehr als früher. Ohne meinen Hund Rocky bin ich früher von Montag bis Freitag höchstens zweimal morgens jeweils 5 Kilometer gejoggt und sonntags immer zwischen 10 und 15 Kilometer und kam zusammen mit der übrigen Wegstrecke morgens zur Arbeit, mittags zum Restaurant oder Lebensmittelmarkt und am Abend nach Hause auf eine Wochenleistung von 40 bis 45 Kilometern insgesamt. Heute lege ich, einschließlich Joggen und der Spaziergänge mit Rocky, jeden Tag zwischen 10 und 12 Kilometer zurück und erreiche damit ein Wochenpensum von 80 bis 90 Kilometern. Alles geht – wenn man nur will.

Braucht ein Mensch einen festen Trainingsplan, an den er sich sowieso nicht halten kann oder will?

Ein Trainingsplan ist wahrscheinlich – wie so vieles andere auch – eine Wissenschaft für sich. Mein Trainingsplan sah anfangs so aus: Ich habe oft an fünf Tagen mein Krafttraining absolviert: montags 100 Liegestütze, dienstags 20 Klimmzüge, mittwochs 100 Liegestütze, donnerstags 20 Klimmzüge, freitags 100 Liegestütze, samstags trainingsfrei und sonntags 5 bis 10 Kilometer joggen. Im Sommer bin ich – zusätzlich zum Sonntag – gelegentlich auch an zwei anderen Wochentagen eine Strecke von 5 Kilometern gejoggt.

Irgendwann habe ich meinen Trainingsplan dergestalt umgestellt, dass ich wohl die Zahl der Trainingstage reduziert habe, dafür aber an den Tagen, an denen ich trainierte, mehr Wiederholungen machte. Dann sah mein Wochenplan wie folgt aus: montags 150 Liegestütze und 30 Klimmzüge, dienstags trainingsfrei, mittwochs 150 Liegestütze und 30 Klimmzüge, donnerstags trainingsfrei, freitags 150 Liegestütze und 30 Klimmzüge, samstags trainingsfrei und sonntags 10 bis 15 Kilometer joggen. Später absolvierte ich am Montag, Mittwoch und Freitag 50 Klimmzüge und 100 Liegestütze. Am Dienstag und Donnerstag machte ich Sit-ups und Kniebeugen. Es kam aber auch öfters vor, dass ich am Dienstag oder Donnerstag keine Lust hatte zu trainieren und deshalb einen trainingsfreien Tag einlegte.

Momentan sieht mein Trainingsplan so aus, dass ich am Montag und Donnerstag jeweils 100 Klimmzüge ziehe und am Dienstag und Freitag jeweils 300 Liegestütze drücke. Der Mittwoch ist derzeit mein Ruhetag und samstags trainiere ich nach wie vor überhaupt nicht. Am Sonntag gehe ich, nach dem ausgiebigen Spaziergang mit Rocky in der Au, eine Strecke von 10 bis 15 Kilometer joggen. Es heißt, dass die trainingsfreien Tage wichtig sind für den Muskelaufbau, der für gewöhnlich im Ruhezustand erfolgt. Ob der Muskelaufbau bei mir heute viel besser ist als früher, kann ich nicht sagen. Ich will und wollte nie aussehen wie ein geölter Bodybuilder in seiner absoluten Höchstform. Im Moment geht es mir vor allem darum, meinen gegenwärtig guten Trainingszustand zu erhalten.

Wie ich bereits öfters in diesem Buch anklingen lassen habe, muss jeder für sich selbst entscheiden, an wie vielen Tagen und an welchen er wie viel trainieren will. Am besten in Absprache mit einem Arzt, der einen zuvor untersucht.

Mir fällt das Krafttraining morgens zwischen sechs und acht Uhr am leichtesten. Abends bin ich viel zu müde um effektiv trainieren zu können. Das liegt aber an meinem Biorhythmus, ich bin eine Lerche: früh wach und topfit. Die meisten trainieren eher am Abend. Andere vielleicht am Mittag. Ganz gleich wann, die Hauptsache ist, dass man überhaupt trainiert.

An manchen Tagen teile ich mein übliches Tagespensum auf: morgens mache ich 150 Liegestütze bzw. 50 Klimmzüge und abends weitere 150 Liegestütze bzw. 50 Klimmzüge. Das kann vor allem dann vorkommen, wenn am Abend vorher ein guter Freund lange bis nach Mitternacht zu Besuch war und jeder von uns ein paar Bier getrunken hat. Dann habe ich erstens zu wenig geschlafen und zweitens merke ich noch den Restalkohol in den Knochen, der mich müde und kraftlos macht. An solchen Tagen sind 150 Liegestütze bzw. 50 Klimmzüge am Morgen schon recht viel. Und die übrigen 150 Liegestütze bzw. 50 Klimmzüge müssen dann bis zum Abend warten. Aber auch hier gilt, dass ich gelegentlich die abendlichen Trainingseinheit einfach ausfallen lasse, weil ich einerseits zu müde und andererseits der Meinung bin, dass das halbe Trainingspensum am Morgen besser ist als gar kein Training. Es sollte nur nicht zur Gewohnheit werden.

Was will ich
mit meinem Training erreichen?

Ich bin nicht der Typ, der von besonders hohem sportlichen Ehrgeiz getrieben ist, Rekorden nachjagt, einen Wettkampf nach dem anderen absolviert und ständig noch mehr von allem machen will und muss: mehr Kilometer herunterspulen, mehr Liegestütze drücken, mehr Klimmzüge ziehen, mehr Kilos abnehmen. Ich bin keiner, der vor, während oder nach dem Essen die Kalorien zählt oder besonders darauf achtet, sich ausgewogen zu ernähren. Alkohol in Maßen ist für mich ein Genuss und der grüne Salat macht mich nicht satt. Ich trainiere meistens, aber nicht immer, manchmal mehr und manchmal weniger. Aber ich trainiere weitgehend regelmäßig. Ich will der Schwerkraft, die mir bei völliger Unsportlichkeit das schlaffe Gewebe nach unten zieht, ein Schnippchen schlagen, den äußeren Verfall so lange wie möglich hinauszögern. Die Muskeln sollen sich vergrößern und nicht der Bauch. Im Moment gelingt mir das, auch wenn ich am Abend Bier oder Rotwein trinke. Ich liebe den cremigen Sahnejoghurt, die gute Butter, die zarte Milchschokolade und besonders die Schwarzwälder Kirschtorte. Beim Essen kommen mir augenblicklich eine krosse Schweinshaxe und herzhafte Käsespätzle mit viel Käse, Röstzwiebeln und Speck in den Sinn. Ich esse und trinke was mir schmeckt – ganz gleich ob es meiner Gesundheit zuträglich ist oder nicht. Natürlich machen mir meine Ess- und Trinkgewohnheiten das Training nicht eben einfacher. Aber wer das eine will, der kann auch das andere haben. Der Wille muss da sein – nicht unbedingt jeden Tag, aber regelmäßig. Nur nicht übertreiben. Nicht beim Essen, nicht beim Trinken und vor allem nicht beim Trainieren. Das kann jeder entsprechend seiner Möglichkeiten machen: etwas weniger essen, weniger Alkohol trinken, weniger Zigaretten rauchen und mehr bewegen. Ganz gemächlich anfangen, mit kurzen Trainingseinheiten, die dann ganz langsam gesteigert werden bis zu dem Pensum, das einem zusagt und bei dem man dann auch mit sich selbst zufrieden ist. Wobei es ganz egal ist, ob man eine Strecke von 5, 10 oder 20 Kilometern joggt, 50, 100 oder 200 Liegestütze drückt und 10, 20 oder 80 Klimmzüge zieht. Ein Training eben, das man bis ins Alter – womöglich bis ins hohe Alter – durchhalten kann. Schließlich hat Hippokrates lange vor Christi Geburt festgestellt: „Wenn wir jedem Individuum das richtige Maß an Nahrung und Bewegung zukommen lassen könnten, hätten wir den sichersten Weg zur Gesundheit gefunden.“

Für mich das beste Krafttraining: der Klimmzug

Der Klimmzug gehört zusammen mit dem Liegestütz zu den bekanntesten und effektivsten Fitnessübungen, die man nahezu überall ohne finanziellen Aufwand – wie beispielsweise längere Anfahrtswege ins Sportstudio samt hoher Gebühren oder kostspielige Anschaffungen von ausgeklügelten Kraftsportstationen – ausführen kann. Für mich sind Klimmzüge die „Königsdisziplin" im Kraftsport, weil sie in aller Deutlichkeit zeigen, wie es um das persönliche Verhältnis von Kraft zu Körpergewicht bestellt ist. Wer sein eigenes Körpergewicht nicht hochzuziehen vermag, hat noch viele schweißtreibende Trainingseinheiten vor sich. Natürlich ist es zu Beginn des Trainings nicht selbstverständlich, dass jemand, der jahre- oder jahrzehntelang nicht trainiert hat, auch nur einen einzigen Klimmzug schafft. Vor allem dann nicht, wenn man dazu auch noch aufgrund fehlender Bewegung bei gleichzeitig reichhaltigem Essen in den vergangenen Jahren und Jahrzehnten deutlich an Gewicht zugelegt hat.

Ich ziehe meine Klimmzüge meistens im Obergriff, das heißt, dass die Handrücken zu mir zeigen, und nur gelegentlich im Untergriff, bei dem die Finger auf mich gerichtet sind. Früher habe ich öfters zwischen Ober- und Untergriff abgewechselt. Ich umklammere etwas breiter als schulterbreit im Obergriff die Klimmzugstange, die so hoch angebracht ist, dass ich mich auf die Zehenspitzen stellen muss, um sie zu erreichen. Dann ziehe ich mich – während ich ruhig ausatme und den Oberkörper möglichst gerade lasse und nicht mit den Füßen strample – langsam so weit hoch, bis mein Kinn über die Stange ragt. Anschließend lasse ich mich langsam in die Ausgangsposition zurücksinken und atme dabei ebenso ruhig wieder ein. Mit leicht angewinkelten Armen hänge ich an der Stange und meine Füße berühren dabei nicht den Boden. Nun ziehe ich mich wieder langsam hoch. Ich mache 5 bis 7 Klimmzüge am Stück, dann folgt eine kurze Pause, in der ich wieder Kraft tanke, um mit den nächsten 5 bis 7 Klimmzügen zu beginnen. Das wiederhole ich während meiner morgendlichen Trainingseinheit so lange bis ich insgesamt 100 Klimmzüge gezogen habe. Ich bin keiner, der 20, 30 oder gar 50 Klimmzüge am Stück zieht, sondern höchstens 12 Klimmzüge am Stück schafft. Dann brauche ich erstmal eine Pause, bevor ich weitere Klimmzüge ziehen kann.

Wenn man am Anfang des Trainings keinen ganzen Klimmzug schafft, kann man sich auch auf einen Hocker stellen oder die Klimmzugstange so tief anbringen, dass man seinen Körper nur die halbe Höhe hochziehen muss. Falls auch das noch zu schwer ist, dann beginnt man mit den Klimmzügen erst dann wieder, wenn man mit Hilfe der Liegestütze Muskulatur aufgebaut und über das regelmäßige Gehen/Joggen Gewicht abgebaut hat.

Mit Klimmzügen trainiert man insbesondere den breiten Rückemuskel, auch „Latissimus Dorsi" genannt. Breite Klimmzüge im Obergriff wirken sich auf den oberen Bereich des Rückenmuskels und somit auf die Rückenbreite, also auf ein breites Kreuz aus. Enge Klimmzüge im Untergriff sprechen den gesamten Rückenmuskel an.

Weitere Muskeln, die bei den Klimmzügen trainiert werden, sind der „Trapezius"-Rückenmuskel, der hintere Teil der Schultermuskeln und die Armmuskulatur, hier insbesondere der Bizeps und die Muskeln der Unterarme, wobei der Bizeps am effektivsten bei Klimmzügen im engen Untergriff beansprucht wird. Klimmzüge trainieren nahezu alle Muskelpartien des Oberkörpers.

Und das zweitbeste Krafttraining: der Liegestütz

Womöglich ist nicht der Klimmzug das beste Krafttraining sondern der Liegestütz. Warum? Für Klimmzüge braucht man eine Klimmzugstange, ein Türreck, einen stabilen und überstehenden Türrahmen oder zumindest aber Treppenstufen, an die man sich hängen kann. Für den Liegestütz braucht man nichts dergleichen. Ich kann sie nahezu überall und jederzeit machen. Und ich kann beliebig den Schwierigkeitsgrad erhöhen, indem ich die Hände wohl stets auf den Boden absetze, die Füße aber erst auf dem Boden und dann nacheinander auf einen Stuhl und schließlich auf einen Tisch platziere. Liegestütze kann ich genauso gut in der Turnhalle oder zuhause trainieren wie auch im Hotelzimmer. Selbst im Büro kann ich in einem unbeobachteten Moment ein paar Liegestütze drücken. Ich kann – was ich bislang allerdings noch nicht beherzigt habe – Liegestütze auch jederzeit in meine Joggingstrecke einbauen, indem ich zwischendurch immer mal wieder kurz anhalte, 10 Liegestütze drücke und anschließend weiterlaufe. Liegestütze gehen immer, für Klimmzüge müssten – wenn keine Turnstangen auf Spielplätzen zur Verfügung stehen – Bäume mit waagrechten und mannshohen Ästen entlang der Joggingstrecke stehen.

Früher habe ich die gewöhnlichen Liegestütze auf dem Boden auf den Handflächen ausgeführt. Heute trainiere ich die Liegestütze nur noch auf den Fäusten. Das ist meiner Meinung nach deshalb besser, da dadurch die Hände bei den Liegestützen nicht überdehnt werden. Der Ablauf bei mir zu Hause sieht wie folgt aus: Ich rücke zwei Stühle mit den Sitzflächen zueinander etwas mehr als schulterbreit zusammen. Der dritte Stuhl steht – mit der Sitzfläche zu den beiden anderen zeigend – ein Stück entfernt, wobei die drei Stühle ein spitzwinkliges Dreieck bilden. Anstelle der Stühle kann man auch drei Hocker nehmen. Dann setze ich meine beiden zur Faust geballten Hände auf die etwas mehr als

schulterbreit voneinander stehenden Stühle und platziere meine Zehenspitzen auf dem dritten Stuhl, so dass ich in einer waagrechten Position
ruhe. Das Gesäß sollte dabei nicht wie eine Bergspitze aus der Körper-
landschaft nach oben ragen. Und die Hüfte sollte nicht nach unten durch-
hängen. Jetzt lasse ich meinen gestreckten, angespannten und möglichst
geraden Körper – Beine, Oberkörper und Kopf bilden im Idealfall eine
Linie – langsam so tief zwischen die beiden Stühle nach unten sinken,
bis ich ein Ziehen in der Schultermuskulatur verspüre und atme dabei
ruhig ein. Aus dieser extrem tiefen Stellung drücke ich mich – während
ich langsam ausatme – wieder in die Ausgangsposition mit leicht angewinkelten Armen hoch und wiederhole den Ablauf 10 bis 15 Mal am
Stück. Dann mache ich eine kurze Pause, bevor ich die nächsten 10 bis
15 Liegestütze drücke. An den meisten Trainingstagen schaffe ich 300
eben beschriebene Liegestütze, an anderen allerdings nur 200 oder 250
Stück.

Anfangs, wenn einem die Kraft für den sauber ausgeführten Liegestütz
fehlt, kann man auch die einfache Variante auf dem Boden üben, bei der
man nicht auf den Zehenspitzen steht, sondern auf den Knien ruht und
den Liegestütz drückt. Oder man erhöht die Liegefläche für die Hände
und macht seine Liegestütze anfangs an die Tischkante des Ess- oder
Schreibtisches gelehnt. Später, nach einigen Wochen Training, legt man
die Hände auf die Sitzfläche einer Bank und dann auf zwei niedere Hocker bevor man schließlich genug Kraft für einen sauberen, mit geradem
Rücken ausgeführten Liegestütz hat, bei dem die Hände und Zehenspitzen auf dem Boden sind.

Der Liegestütz ist die klassische Kraftübung schlechthin und man trainiert nicht nur eine Vielzahl von Muskeln des ganzen Körpers, sondern
schult auch den Gleichgewichtssinn, die Beweglichkeit sowie die Ko-
ordinationsfähigkeit. Neben Bizeps, Trizeps sowie den Brust- und
Bauchmuskeln stärken Liegestütze auch die Schultern, den Rücken samt
Rumpf und die Gesäßmuskeln.

Nicht mehr als einen Wettkampf pro Jahr

Jedes Jahr nehme ich an einem einzigen Wettkampf teil, dem Ermstallauf über 10 Kilometer von Bad Urach nach Metzingen, der jeweils im Juli stattfindet. Der Lauf zeigt mir, wo ich konditionell stehe. Die letzten Jahre bin ich stets mit einer Zeit um die 52 Minuten im Ziel angekommen. Damit bin ich – da ich bei einer Größe von 1,72 m immerhin 85 Kilogramm wiege – vollauf zufrieden.

Am Abend vor dem Lauf im Jahr 2017 habe ich aus purer Lust am Genuss ein Bier getrunken und eine Zigarette geraucht – und keine einzige Nudel für meinen Kohlenhydratspeicher gegessen. Danach bin ich eine Runde mit Rocky, unserem Hund, spazieren gegangen. Unterwegs habe ich zwei Nachbarinnen getroffen, die ebenfalls mit ihrem Hund unterwegs waren. Wir haben geplaudert und, während die beiden Damen bereits auf dem Rückweg waren, war ich erst am Anfang meiner Runde. Eine halbe Stunde später und am Ende meiner Runde kam ich am Haus einer der beiden Nachbarinnen vorbei und sah die beiden Damen immer noch vor dem Haus stehen und plaudern. Ich gesellte mich dazu und warf beiläufig in das Gespräch ein, dass mir jetzt ein Bier schmecken würde. Die Nachbarin ließ sich nicht lange bitten und lud uns zu einem Bier auf ihre Terrasse ein. Aus dem einen Bier wurden zwei und – weil es so gemütlich war – kamen noch zwei Zigaretten dazu. Zu vorgerückter Stunde habe ich mit Rocky den Heimweg angetreten. Müde und zufrieden bin ich zu Bett gegangen und auch gleich eingeschlafen.

Als der Wecker am nächsten Morgen um sechs Uhr klingelte, wollte ich nicht aufstehen sondern liegen bleiben. Irgendwann habe ich mich dann doch mit einem leichten Brummschädel aus dem Bett gequält, wobei ich nicht wusste, ob der Brummschädel vom Alkohol herrührte oder von einer leichten Erkältung, die ich die letzten Tage mit mir herumgeschleppt hatte. Egal, ich frühstückte, zog meine Laufklamotten an und fuhr dann los Richtung Bad Urach.

Der Lauf startete pünktlich um 9 Uhr in der Frühe, aber nicht unbedingt bei besten Wetterbedingungen. Es war zwar trocken, dafür aber auch sonnig und viel zu warm, vor allem angesichts der Tatsache, dass man die meiste Zeit im offenen Gelände ohne Schatten unterwegs war.

Ich fühlte mich ganz und gar nicht wohl, mein Schädel brummte immer noch. Ich war müde und wollte eher schlafen als rennen. Die Laufstrecke führte anfangs durch Obstbaumwiesen und im Schatten der Bäume saßen Zuschauer, die uns Läufern zujubelten und uns anfeuerten. Eigentlich hätte ich mich zu diesem Zeitpunkt am liebsten zu ihnen gesetzt und die Beine gemütlich ausgestreckt. Aber das ging natürlich nicht. Ich quälte mich weiter, Kilometer um Kilometer. Erst ab Kilometer 5 ging es mir allmählich besser und der Lauf begann mir plötzlich Spaß zu machen und ich legte auf den letzten beiden Kilometern einen Zahn zu, um die einen oder anderen Läuferinnen und Läufer, die mich einige Kilometer zuvor überholt hatten, wieder einzuholen. Das Ergebnis der Leidenstour: wieder 52 Minuten. Ich war vollauf mit mir und der Zeit zufrieden. Und so gebe ich mich jetzt der Illusion hin, dass ich – bei optimaler Vorbereitung ohne Alkohol und Zigaretten – womöglich unter 50 Minuten im Ziel angekommen wäre. Allerdings mit weit weniger Spaß und Genuss als ich ihn am Abend vor dem Lauf hatte.

Nach dem Zieleinlauf mit dem Sprint über die letzten Hundert Meter war ich ziemlich erschöpft. Eine der vielen Helferinnen im Ziel streifte mir eine Erinnerungsmedaille über den Kopf und andere hilfsbereite Hände streckten mir Becher mit Wasser entgegen. Mir war aber in diesem Moment nicht nach Wasser zumute. Ich begab mich augenblicklich ins Versorgungszelt und schnappte mir an der Getränkeausgabe einen großen Becher alkoholfreies Weizenbier den ich fast in einem Zug leer trank. Und dann gleich noch einen. Ich hatte mächtig Durst. Mit dem dritten Becher bin ich zum Grillstand gegangen und habe mir zwei saftige Steaks im Brötchen gekauft, weil ich neben dem Durst auch großen Hunger verspürte. Danach ging es mir wieder gut.

Von Zerrungen, Verstauchungen und Gelenkschmerzen

Im Laufe der vergangenen Jahre habe ich mir immer wieder alle möglichen Verletzungen zugezogen. Ich bin schon beim Joggen über herausstehende Steine gestolpert und der Länge nach hingefallen, aber auch – der Klassiker – im Winter auf Glatteis ausgerutscht und schmerzhaft auf dem Hinterteil gelandet. Blaue Flecken und Prellungen waren die Folgen. Meine Laufstrecke geht an manchen Stellen wortwörtlich über Stock und Stein und da ist es ein leichtes, sich den Fuß zu vertreten. Das heißt dann für mich, dass ich den Fuß schone, indem ich kürzere Strecken laufe oder – wenn der Schmerz zu stark ist – eine Zeitlang nicht jogge. Einmal bin ich in meinem Trainingsraum im Keller ausgerutscht und hingefallen. Ich habe zwar versucht, den Sturz mit dem rechten Arm abzufedern, aber das ging mächtig daneben. Mit dem Arm kam ich wohl auf dem Boden auf, aber meine Hand wurde nach hinten überdehnt. Monatelang konnte ich keine Liegestütze auf den Handflächen drücken. Was aber weiterhin möglich war, waren Liegestütze auf der Faust und Klimmzüge.

Wenn ich bislang kleinere Verletzungen erlitten habe, bin ich stets nach folgender Devise vorgegangen: abschätzen, ob es so schlimm ist, dass ich gleich einen Arzt aufsuchen muss, und abwarten, ob die Verletzung nicht doch von selbst abklingt. Ich gehöre nicht zu der Sorte Menschen, die bei jeder noch so kleinen Verletzung augenblicklich einen Arzt aufsucht. Ich glaube, dass ich mich und meinen Körper ganz gut kenne und demzufolge auch abschätzen kann, ob eine kleine Verletzung einen Arztbesuch dringend notwendig macht, oder ob ich abwarten kann, weil ich der Meinung bin, dass die Verletzung ohne Pillen und Salben heilt. Wobei das jetzt nicht heißen soll, dass jeder so verfahren soll. Wer nicht abschätzen kann, wie schwer seine Verletzung – ganz gleich ob groß oder klein – ist, sollte augenblicklich zum Arzt gehen. Ich will hier keine Anleitung zur Selbstmedikation geben. Ich versuche in meinen Körper hineinzuhören und es ist erstaunlich, was ich dabei über mich und meinen Körper lerne. Und dieses Wissen sowie etliche Ingredienzien wie Kamillentee und chinesischer Tigerbalsam haben mir bis heute besser geholfen, als es die vielen pharmazeutischen Arzneimittel je getan hätten. Zumindest bilde ich mir das ein. Ob es auch stimmt, kann ich nicht sagen.

Bei Erkältungen koche ich in einem halb mit Wasser gefüllten Kochtopf eine Handvoll Kamillenblüten auf, lasse das Ganze etwas abkühlen und inhaliere dann ruhig und gleichmäßig atmend den immer noch heißen Dampf, indem ich mich über den Topf beuge. Ein großes, über den Kopf gelegtes Handtuch verhindert, dass allzu viel Dampf zu den Seiten entweicht.

Mit dem chinesischen Tigerbalsam reibe ich meine Gelenke ein, wenn ich sie – was gelegentlich vorkommen kann – bei den Kraftübungen überlastet habe oder ich mir auf meiner Joggingstrecke den Fuß vertrete. Hin und wieder passiert es auch, dass ich beim Spaziergang mit Rocky über eine ungemähte Wiese mit hoch stehendem Gras in ein Loch trete und mir dabei eine Zerrung oder Stauchung an meinem Bewegungsapparat zuziehe.

Bis heute nehme ich keinerlei Pillen und Tabletten ein und muss mich auch nicht ständig mit irgendwelchen Salben einschmieren. Das führe ich auf meinen ungezügelten Bewegungsdrang und auf mein Krafttraining zurück, die beide dafür sorgen, dass meine Blutdruck- und sonstigen Werte in Ordnung sind. Und meine Ernährung ist wohl fett, süß und alkoholhaltig, aber nicht nur das: Eier, Kräuter, Milch, Haferflocken, Honig und Nüsse gehören auch dazu und sorgen für eine gewisse Ausgewogenheit, glaube ich zumindest, oder hoffe es doch.

Aller Anfang muss nicht schwer sein

Wenn man sich nach der Lektüre dieses Buches dazu durchgerungen hat, mit dem Training zu beginnen, ist der erste Schritt getan. Jetzt muss man sich überlegen, wann für einen selbst die beste Trainingszeit ist: morgens, abends oder morgens und abends. Das hängt einerseits von den Arbeitszeiten in der Firma ab und wann man sich stark genug fühlt, das Trainingsprogramm nicht nur jetzt, sondern über die nächsten Jahre durchzuziehen. Die einen trainieren lieber morgens, während die anderen den Abend bevorzugen. Man kann aber auch einen Teil morgens und den anderen am Abend machen.

Das Wichtigste ist allerdings, dass man gemächlich mit dem Training beginnt. Wenn man zu viel auf einmal macht, wird einen ganz sicher der schmerzhafte Muskelkater als Folge der Überanstrengung die nächsten Tage vom weiteren Training abhalten. Es ist besser anfangs wenige Einheiten zu absolvieren und die zwei- bis dreimal pro Woche.

Untrainierte fangen am besten mit 5 Liegestützen auf den Knien oder mit den Armen an die Ess- oder Schreibtischkante gelehnt an, damit es einfacher geht. Mit den Klimmzügen beginnt man erst, wenn man genügend Muskeln an den Armen und am Oberkörper entwickelt hat. Auch das Joggen sollte man langsam angehen. Ein paar Hundert Meter gehen, dazwischen ein kurzes Stück joggen und das über eine Strecke von 2 bis 3 Kilometer. Und vor allem: im Alltag jede sich bietende Gelegenheit für einen Spaziergang nutzen. Alle zwei bis drei Wochen kann man die Trainingsfrequenz moderat erhöhen: 7 statt 5 Liegestütze auf den Knien oder an die Tischkante gelehnt. Und auf der Laufstrecke verkürzt man die Gehphasen während man die Joggingphasen erhöht. Wenn man das Training einige Zeit konsequent durchhält, wird man irgendwann den Liegestütz nicht länger auf die Knie oder der Tischkante abgestützt drücken. Vielleicht werden die Klimmzüge noch einige Zeit auf sich warten lassen, aber man kann an der Klimmzugstange erste zaghafte Versuche unternehmen, den Körper hochzuziehen. Und die 2 oder 3 Kilometer wird man bis dahin joggen ohne Unterbrechung. Und dann weiterhin moderat die Frequenz erhöhen. Irgendwann ist man so weit, dass man die ersten Klimmzüge zieht – anfangs womöglich auf einem Hocker stehend, das ist gar nicht so schwer. Nicht übertreiben, nur dranbleiben. Der Erfolg stellt sich von selbst ein: 5 Kilometer joggen ohne Seitenstechen und Gehpausen, 10 saubere Liegestütze und 3 Klimmzüge am Stück. Und auf diesen Erfolg ein kühles Bier oder was man sonst mag – das hat man sich dann verdient. Und die Zigarette dazu.

Später hat man dann sein ganz persönliches Trainingspensum festgelegt, das einem leichtfällt und das man auch – auf lange Sicht gesehen – durchhalten kann. Dabei ist es egal, ob man 2 mal pro Woche morgens 100 Klimmzüge zieht oder „nur" 30, ob man weitere 2 mal pro Woche 300 Liegestütze drückt oder „nur" 100 und ob man sich täglich 12 Kilometer bewegt – die einen gehen, die anderen joggen lieber – oder „nur" 5 Kilometer. Wichtig ist, dass man es tut. Und wenn man sich dann auch noch beim Essen statt 5 Rühreier nur 3 Rühreier zum Frühstück zubereitet, beim Mittagessen anstatt der großen Packung Pommes nur die kleine Packung nimmt und man sich beim Abendessen anstatt 3 Scheiben Brot besser 2 Scheiben Brot mit etwas weniger Butter und weniger Wurst genehmigt, dann wird man nach einiger Zeit feststellen, dass man mehr Kraft und Ausdauer hat – bei gleichzeitig geringerem Körpergewicht und Fettanteil.

Nachtrag

Wie ich weiter vorne im Buch geschrieben habe, ist mein Trainingsplan ständig irgendwelchen Änderungen ausgesetzt. Die eine Woche trainiere ich an vier Tagen und zwei Wochen später kann es sein, dass ich an sechs Tagen in der Woche trainiere. Ziehe ich heute 100 Kimmzüge und drücke 300 Liegestütze, kann es nächstes Jahr sein, dass ich wohl nur noch 200 Liegestütze drücke, dafür aber 150 Kimmzüge ziehe.

Genauso ist es beim Joggen. Ganz am Anfang ging ich nur sonntags joggen, später sonntags und zwei mal von Montag bis Freitag. Dann kam Rocky und ich unternahm wohl täglich längere Spaziergänge mit ihm, ging aber nur noch gelegentlich joggen. Das hat sich nun auch wieder überholt. Momentan gehe ich Sonntag morgens ungefähr eineinhalb Stunden mit Rocky spazieren und mache mich direkt im Anschluss daran, mindestens eine Stunde lang zu joggen. Und ich muss sagen, dass es wohl ein wenig anstrengend, aber auch ungemein befriedigend ist. Wie bereits gesagt, man kann alles haben, wenn man nur will. In meinem Fall ist das der ausgedehnte Spaziergang mit Rocky in der Au, bei dem wir Rehe, Hasen und Füchse aufschrecken und mein geliebtes Joggen durch Wald und Flur.

Und im Anschluss daran trinke ich – wohlverdient nach den vielen Kilometern – einen Liter Cola gemischt mit Weizenbier. Nachdem ich einige Zeit nicht mehr regelmäßig gejogt bin, habe ich langsam angefangen, meine Joggingstrecke zu verlängern. Anfangs bin ich nach dem Spaziergang mit Rocky lediglich 5 Kilometer weit gemütlich gejoggt. Ich wollte sehen, wie gut meine Kondition ist und ob ich hinterher einen schmerzhaften Muskelkater bekomme. Die Kondition ist gut und der Muskelkater hat sich nicht bemerkbar gemacht. Im Moment jogge ich eine Strecke von 10 Kilometern und brauche dafür eine gute Stunde. In ein paar Wochen hoffe ich, dass ich auch wieder eine Strecke von 15 Kilometern schaffe – so wie in früheren Tagen. Das heißt dann natürlich auch, dass ich allein am Sonntag auf 20 bis 25 Kilometer Bewegung komme und meine Wochenleistung auf 85 bis 90 Kilometer erhöhe. Allerdings werde ich diesen Wert bestimmt nicht jede Woche erreichen, weil ich jetzt schon an manchen Wochentagen – bedingt durch die Arbeit – „nur" auf 4 bis 6 Kilometer Wegstrecke komme, die ich auch am Wochenende nicht ausgleichen kann.

In meiner Jugend habe ich Kampfsport trainiert und regelmäßig am Boxsack geübt. Irgendwann habe ich damit aufgehört und mich ausschließlich dem Krafttraining und Joggen zugewendet. Neuerdings trainiere ich wieder – immer mittwochs, meinem bislang trainingsfreien Tag – Schläge und Tritte am Boxsack. Und es ist wie beim Fahrrad fahren: Was man einmal gelernt hat, verlernt man nie. Das Training ist für mich ein gutes Konditionsprogramm, da man relativ schnell ins Schwitzen kommt. Es verleiht mir Schnelligkeit und Schlagfertigkeit in den Armen und hilft auch – wenn es nötig ist –, Aggressionen abzubauen. Meistens trainiere ich mittwochs eine halbe Stunde lang. Mein Boxsack ist aus schwarzem Leder, 1,50 Meter hoch und wiegt gut und gerne 45 Kilogramm. Ich habe ihn bis oben hin mit Putzwolle gefüllt und mit einer viereckigen Platte, an die ein Haken geschweißt ist, mittels vier kräftiger Schrauben an der Decke befestigt.

Wie ich im Kapitel „Sich regen bringt Segen – immer in Bewegung bleiben" erwähnt habe, trainiere ich jetzt, im fortgeschrittenen Alter, wesentlich mehr als jemals zuvor. Aber meinen Alkohol-, Fett- und Zigarettenkonsum habe ich in all den Jahren nicht erhöht. Im Gegenteil, ich habe vor einiger Zeit mit dem Rauchen aufgehört. Nicht aus gesundheitlichen Gründen, sondern weil ich es nicht länger eingesehen habe, viel Geld für etwas auszugeben, das mir keine solche Befriedigung bereitet, wie es zum Beispiel eine cremige Sahnetorte, ein guter Wein oder ein kühles Bier tun. Das heißt nicht, dass ich mir nie wieder eine Zigarette anzünde, sondern nur, dass ich im Moment kein Verlangen danach habe. Aber das kann sich rasch wieder ändern, wie so vieles andere im Leben auch.

MIX

Papier | Fördert
gute Waldnutzung

FSC® C083411

Zeitfracht Medien GmbH
Ferdinand-Jühlke-Straße 7
99095 Erfurt, Deutschland
produktsicherheit@kolibri360.de